Josué Mbay-rakoula

Sentier affranchi

Josué Mbay-rakoula

Sentier affranchi

Recueil de poèmes

Éditions Muse

Imprint
Any brand names and product names mentioned in this book are subject to trademark, brand or patent protection and are trademarks or registered trademarks of their respective holders. The use of brand names, product names, common names, trade names, product descriptions etc. even without a particular marking in this work is in no way to be construed to mean that such names may be regarded as unrestricted in respect of trademark and brand protection legislation and could thus be used by anyone.

Cover image: www.ingimage.com

Publisher:
Éditions Muse
is a trademark of
Dodo Books Indian Ocean Ltd. and OmniScriptum S.R.L publishing group

120 High Road, East Finchley, London, N2 9ED, United Kingdom
Str. Armeneasca 28/1, office 1, Chisinau MD-2012, Republic of Moldova, Europe
Printed at: see last page
ISBN: 978-620-4-97109-4

MBAY-RAKOULA JOSUE

TITRE: SENTIER AFFRANCHI

POESIE

À

Madjirambaye Alice, Marie Thérèse Deneassem,

La grande famille Boïndé, dont l'âme, la sororité,

L'amour et le soutien illuminent quotidiennement.

PRÉFACE

Si la poésie est scansion, musicalité et fracas, ce présent volume se veut de la poésie aux charmes verts.

En parcourant les lignes de ce recueil de poèmes, je n'ai pu m'empêcher de penser au propos d'Andrés SUARES : « *La première condition du poète est l'intelligence. Il faut penser pour avoir quelque chose à dire. Toutefois, avant d'avoir quelque chose à dire, il faut vivre. Et vivre pour l'artiste, c'est être sensible à des émotions que les autres n'ont pas* ». Dès lors, ce qui incline à l'admiration, c'est la diversité des thèmes abordés, leur profondeur, leur harmonie et leur souffle. C'est en cela que la poésie de celui dont le talent n'est plus à démontrer et avec qui j'ai collaboré dans moult activités est singulière.

(...)
Sois ma gaieté, sois ma peine.
Sois ma doublure chère ébène.
Car, avec toi, on boirait nos rêves
Exemptés du sortilège jeté à Ève
(...)

Chaque mot, chaque vers, chaque strophe et je dirai même chaque virgule de ce livre est choisi soigneusement par le psycho-poète.

Parce que la poésie de Josué est musicalité, elle crée l'émotion, parce qu'elle est souffle, elle donne vie, parce qu'elle est mouvement, elle transporte vers des horizons lointaines, mais avec un rythme de l'envie de vivre, d'aimer, d'espérer et de persévérer. En réalité, l'auteur est un poète inspiré par une cosmographie hors-pair qui résonne et transporte vers l'océan de beauté et de partage.

Dans ce recueil de poèmes, tout y passe : les joies qui continuent leur course, celles qui sont suspendues, les peines, les espoirs, les désespoirs et les luttes qui composent notre misérable existence, pour reprendre un certain Victor HUGO.

Ce recueil de poèmes, vient quelque peu témoigner de la constance de l'émergence des talents, qui n'ont besoin que d'une main tendue, car la poésie de MBAY-RAKOULA est un véritable trésor littéraire qui mérite d'être lu et savouré par ceux pour qui les mots sont des branches d'arbre sur lesquels on peut s'accrocher pour faire face aux turpitudes de la vie.

Aussi, pour reprendre le poète Tamdira, pour ne pas mourir, comme une étoile fragile, sans défense, sans histoire et d'être oublié ; l'auteur comme d'ailleurs ces confrères édictés par les thèmes existentiels, pour survivre dans la mémoire des Hommes, s'est approprié de la poésie comme un subterfuge pour immortaliser son existence, sa souffrance, son errance et peine.

En définitive, il faut dire comme pour reprendre NDONGO Mbaye que la poésie de monsieur Josué, et on ne le dira jamais assez est : *« élan de solidarité, moment intangible de partage, création d'émotions et de sentiments, magie naissant des images, scansions, musicalités et effluves des mots…Entre bruits et silences ».*

Voilà pourquoi, j'invite le lecteur à lire ce recueil avec bienveillance et esprit ouvert.

NEDOUM-ALLAHEL Richard

Expert en contentieux bancaire, poète-écrivain,

N'Djamena, le 25 septembre 2023.

0/ Tel un coup de foudre

La légende raconte qu'il naît d'un regard.
Regard aussi luisant que le soleil de juin.
Pureté ! Plus belle que la rosée du matin.
Pèlerin, mes yeux t'ont ciblé comme un radar

Captant du haut du ciel la présence ennemie.
Je peux voir s'ouvrir la porte de ton cœur
Quand le beau nous coud en admirateurs,
Qu'il lui plaise de loger le mien qui se repenti !

Tel un coup de foudre d'un bel été,
Tu es rentrée dans ma vie de sombre vieux fada.
Et mon cœur tambourine au rythme de tes pas
Comme s'il veut, avec eux, s'uniformiser.

Ô reine mère! T'es cette merveille inoubliable,
Que ta beauté est d'une grandeur légendaire !
Pareille à celle d'une princesse d'ilots lunaires ;
Parée toujours appétissante, et adorable.

L'amour est cet oiseau qui, posé sur ton plat
Emporte le fardeau, nettoie larmes et sueurs.
Je veux faire de toi ma douce et mon cœur.
Sois cette ombre soudaine, qui ne me quitte pas.

1. **Exultet**

Un ballet de vœux entoure
La terre des humains sans contour.
Une nouvelle ère s'annonce grandiose,

Lumineuse et joyeuse.
Comme des affranchis rapprochés,
Excités sommes-nous à nous imprégner
Des larges qu'offre la neuve aventure ?
Chacun dans son cosmos dur à cuire,
Dans son for intérieur peu controversé,
Exulte, nonobstant le voyage naufragé.
Puisque de trépas à vie, est admis
Au festin orchestré par le souffle de vie ;
Voyage aussi, bon semble-il, dans l'absolu,
Glisse du passé pour un futur continu.
Si mon pouvoir était divin, venant des cieux,
Il se vêtirait de paix en tous lieux.
Il supplanterait le cœur en acier Valérien
Par celui d'enfant que l'ancien
Nomme innocent. Telle une confession
Sans fiction, dans ce monde, la perfection
Appartient aux dieux et celui du ciel.
L'important demeure la quête de l'essentiel.

2. Cheng François

La poésie effectue la magie
Des rencontres, une telle éphorie !
La découverte enjolive l'existence,
Et ravive l'émotion en souffrance.

Aurais-je par vieillesse
Votre infinie sagesse ?
Remplie d'humanisme
Ô maître ! Sous prisme,

Te dédier, en toute largesse,

Un vœu, ma gonzesse,
Ma plume rampante
Dans une joie débordante.

Suis-je qu'une nullipare
Qui, connectée à vous, ne se sépare.
Sous perfusion du charme
De vos écrits, encore, j'en réclame.

L'écriture vous a sauvé
Des coups si amochés,
Dites-vous ! Votre écriture
M'a sauvé des égratignures.

Hérétique du bien, parfois ;
Je bois vos poèmes cent fois.
Quand, déboussolé, sans repère
D'existentiel, d'essentielle ère.

Je ne suis qu'un ignorant
Qui pavane, non croyant
En l'homme et sa charité.
Je clame l'amour, unique unité.

Grandissime maître François
Mon grand vœu, va de soi.
Apprenez-moi, Ô maître !
À suivre vos pas, pour renaître !

3. branchée
La jeune fille aux cheveux lestes
Qui émeut à son passage telle une brune
Mannequin au soir de grande lune.
En pleine drague par un jeune modeste

Répondit : tu n'es pas mon genre sieur en sieste.
Dans mon univers si unique au rentrant étroit,
Seuls les garnis de la thune ont droit.
Le nanisme matériel et corporel, je le déteste.

Elle prit goût à repousser, telle une quiétude
Intérieure. Un énième prétendant repoussé,
La volonté des puissants se fît, les yeux rivés
Sur d'autres filles moins belles qu'elle. Cafarde,

La solitude la consume. Petit à petit, la vieillesse
Fit place en elle, la ménopause lui a tendu les mains.
La nouvelle répandue, des regards ci inhumains
La couvre. Les images anciennes de sa délicatesse,

Sont ses seuls dons. En entretien pour sa survie
Sa voix en boucle telle une obsession précaire.
« Docteur, j'ai peur de mourir célibataire ».
Suis-je victime vivante d'anuptaphobie ?

4. Ma pensée

Ulysse ! Je me déleste
De toutes pensées moroses.
Je professe dorénavant croire rose,
La rosée qui enterre l'espoir funeste.

Telle une gazelle en zèle, mon corps est vif.
J'aimerais autant, face à l'infâme, âme aversive,
Penser, planer les larges d'une pensée positive
Et faire d'elle ma vive devise, boire du positif.

Ma pensée, je la veux positive, curieuse.
Jeune ignorante, consciente de son ingéniosité.
Une jeune apprenante qui modèle son infirmité
Face aux sagesses de vie trop nombreuses.

5. Demain n'existe pas

Éponge le traumatisme,

Et sa main baladeuse.

Sans temps d'arrêt, gomme

La corvée du jour, la mère rueuse.

Comme une goutte d'eau dans l'océan est néant,

Un grain de sable dans le désert n'est qu'atome.

L'homme n'est rien dans son corps béant.

Et la mort est l'unique présent qui l'embaume.

Non, brandis l'emblème du sybaritisme

Et rassasie-toi de son délicieux repas.

Vis le moment présent avec ludisme.

Car, demain n'existe pas!

6. J'ai souvenir...

J'ai souvenir de toi chère âme.
Hier, on s'esclaffait sur le passé
Hanté de curiosité, de joie et larme
Que notre belle jeunesse a filtré.

De mes deux cœurs sombres qu'angéliques ;
L'un était destiné à dessiner nos desseins,
L'autre était réservé aux arts poétiques.
Les deux me rappellent un commun destin.

Hier(,) mes mains tremblantes tenaient un livre
Au milieu des gens en pleurs face à un cercueil.
Une feuille emplie de mots noirs que mes lèvres
Laissaient résonner faiblement en guise d'adieu.

Aujourd'hui, ton cimetière fonde mon illusion.
Mon envie de gaieté dans la sagacité des cités
Des princes, desquelles nous faisons allusions
S'est égarée au loin des coins, de la cheminée.

7. Démons intérieurs

Je m'amuse à affranchir mes chaînes.
Entre l'animal, le vide et l'humain,
Je m'éloigne du dos d'âne de ma peine
Tel un combat à fond contre le dessein.

Puisque narrer présuppose zigouiller l'ennui,
Ennui qui submerge mes bons jours, mes rires.
Entre cercle d'amis, proches, familles,
Elle interrompt l'ascèse des fous-rires

Qui rendent ces moments-là fugaces.

Je veux me battre comme un gladiateur
Á terrer le grand ignare si cocasse ;
Me battre contre ses démons prédateurs.

8 Viens à mon aide

Je t'écris respectueux jeune frère.
Il m'a laissé, il est vraiment parti,
Replaçant le néant dans ma vie.
Mariage ou mirage ? Ô chimère !

Je fume, agonisante, je fricasse.
Je meurs de la beauté chagrine,
Des tristesses de mon cœur diurne.
Pleure-moi, pleure ma carcasse.

Pleure, pleure pour moi, pleure-moi.
Le Seigneur Dieu, ne suis-je pas son enfant ?
Suis-je digne de subir un sort aussi inquiétant ?
L'unique crime commis ? Un mauvais choix.

9. Reconquête

Suis-je un jeune homme au cœur faible,
Si à ton regard, les phares de mes yeux
Se réactivent. Et que, mon cœur creux
Stagne nos souvenirs comme une fable ?

Comme un ballon, mes sentiments
Oscillants gonflent en ta présence
Et se dégonflent quand tu t'enlaces
Dans les bras du salaud, ressortissant

De nulle part, cet héritier de ma place.

La lune s'agenouillait devant ta beauté
Quand tu me disais : chou, je suis comblée.
Pour toujours, nous nous aimerons avec classe.

De la présence de ton absence, chère ébène,
Je consume (...) distant de belles merveilles.
Enterrer sa chance est une faute humaine.
Dieu est miséricordieux, avec moi, fait pareil !

10 .Tant de...

Tant de promesses sont faites.
Tant de mots dits.
Moins de victoire que de défaites.
La déprime te sollicite,
De quoi a-t-on besoin ?
Rare d'être entendu
De quoi as-tu besoin ?
Peut-être d'une placide main tendue !

11. Puisse !

Puisse le mensonge se terrer
Au loin de mes lèvres ;
Puisse la vérité épouser
Le seuil de mes lèvres.

Puisse la douceur
Me rendre visite ;
Qu'elle soit mon âme sœur,
Et que, de ma bouche, elle ne quitte.

12. Être poète, poète né.

Qu'il soit de ce monde ennuyeux !
Qu'il se crispe dans ce monde rageux
Remplit des nœuds de vipères
Qui se prolifèrent,
Pour refaire
Surface aux plaisirs éphémères !

Le poète
Charme les dieux
Et les hommes sous ces cieux.
Par la quête de la beauté instantanée,
Par la quête de la sûreté ;
Il surexcite son milieu dévasté
Par la magie de sa poésie,
Limpide, sans fantaisie.

Voix stridente, mène à feux sa musicalité
Et assaillit la morosité
Dans cette société chagrinée
Par la fatalité.

Aux âmes,
Conquérir leurs amitiés,
Renforcer leurs tranquillités
Par-delà des confins mondialisés.

13. Peine allégée

Du haut de ton blanc cœur aux noirs cieux ;
Ton histoire égratigne mon âme d'altruisme,
Et me submerge au lointain sans cynisme.
Tes larmes brillantes roulent dans mes yeux.

Charmante créature de son créateur,
Qui succombe à la cruauté du monde
Aux actions débiles et si immondes ;
Partageons ces instants de bonheur.

Des abysses de mon cœur, je t'écris ces vers.
Les cris de mes sentiments non factices.
Ô douce ! Acquiesce ma doléance locatrice
D'une place aux confins de ton univers ouvert.

14. Elle disparut dans le vent

Elle m'est soudainement apparue
Comme sous l'effet d'une magie.
Son ombre était divinement jolie
Et sa beauté me ridiculisait, tel un parvenu.

Immobile de par sa présence ;
Puis, hypnotisé par son regard.
Tel un nigaud lorgnant une bagarre
Des chemins en connivence.

J'étais en fête comme une luciole,
Quand ses dents me dirent bonjour.
Le temps de répondre court en retour,
Au piédestal, son visage revole.

Ma cervelle réveillée de la réunion
Des mots pour l'aborder en grand monsieur,
Elle disparut comme un habitant des cieux.
J'étais impuissant, ahuri par exclamation !

J'aurais dû courir de l'avant.
C'est peut-être la muse de mes écrits.
La vie joue des tours de magie et puis,
Elle disparue dans le vent.

15. Aventure à la Chimène.

Dans un songe le plus abyssal,
Il tenait une belle main amicale.
Il vit doucement un grand être
L'approcher, pas comme maître.

Sois ma gaieté, sois ma peine.
Sois ma doublure chère ébène ;
Car, avec toi, on boirait nos rêves,
Exemptés du sortilège jeté à Ève.

À l'onirique d'une belle rencontre,
Suis-je tombé au crépuscule contre
Une inconnue qui se tenait près du chamois ;
Oui, sur une autre grande partie de moi.

16. Elle aurait quarante ou deux ans hélas...

Quarante, soixante-dix ou cent.
Plus d'oxygène dans ses gènes,
Plus d'amours pour ses jeunes.
Elle aurait quarante-deux ans.

Enfants tant chouettes,
Mélancoliques d'une vie.
Reine en terre de l'oubli,
Dommage qui trompette.

L'amour qu'elle portait
Pour l'humain était divin.
Que de rappels orphelins
En rêve, quand je l'accostais.

Un soir de septembre pompant,
Elle trépassa sous nos regards.
Des regards des ringards
En pleurs, des regards aimants.

Je rumine les mots croyants
Du poète que tant j'admire ! (Jean d'Ormesson)
Le tombeau des martyres
N'est que cœur des vivants.

17. Allongée sur ...

Sur son lit de sommeil, elle s'est endormie
Les poignets fermes et ses bras croisés,
Un soir de septembre, elle s'est affaiblie.
Ne pouvant parler, son beau visage crispé

Se trouvait en croisade des siens. Ses lèvres
Exprimant faiblement des phrases de bonheur
Que traduisait la fillette à son chevet en fièvre
Lui procurait une grande joie, un tel honneur.

Quelle belle âme ! Incarnation du courage,
Des rêves enfouis, l'hallucination en gage ;

Maugrée, dans toute mon âme pour ce voyage.

Arriva tout ce qui arriva, c'était un leurre !
Croire que ton tombeau est dans mon cœur,
Je ne l'aurais jamais imaginé, grande sœur.

18. Muse de mes écrits

Adoucie la braise et exulte !
Ô muse de mes écrits,
Ta mélodie me hante !

Sevré des voix aimantes,
De la braise qui m'ennuie,
Souffle la braise et exulte !

Chante le berceau qui m'enchante.
Et même quand la chimère m'envie,
Ta mélodie me hante !

Ô étoile filante !
Soleil de la pimpante nuit,
Souffle la braise et chante !
Ta belle mélodie me hante !

19. Je voudrais devenir enfant

Je voudrais devenir enfant !
Avant, j'attirais des regards.
Des regards heureux et vivant.

L'ancienne chaîne d'innocent
Manque à mon cosmos vulgaire.
Et moi, je voudrais devenir enfant !

Puisque tout se termine, le néant
Est souvenir de mon coin naguère.
Je veux ses regards brave et bienveillant.

Puisque tout redevient fuyant,
Ils dansent sur les cris de guerre.
Et moi, je voudrais devenir enfant ;
Puis, retrouver les regards bienveillants.

20. Mon bel ange

J'ai rencontré mon bel Ange.
Cupidon, montre égoussée,
Paré en vareuse dorée,
Prit comme cible le challenge

De nos regards, filles de Chimène.
Je t'ai rencontré, ô Aphrodite !
Un dimanche de novembre culte
Où, les fleurs joyeuses s'étonnent.

En apparence, l'arc-en-ciel
Entrant en contact du Soleil
S'est habillé, témoin vermeil,

Complice au ciel ci nuageux.
J'ai retrouvé Ange. Mon vieux
Cœur s'était rendu lumineux.

21. elle

Véritable fée, la muse de ma poésie mélancolique,

L'émoustillante-déesse de mes vers magnifiques !

Seigneur ! Dites-moi comment l'avoir toute ma vie?

Quand je vois son corps trémoussé, le mien languit.

Cœur en pression, exorcise mon corps hystérique,

Qu'il capte tes ondes envoutantes et photoniques !

Je te forgerai des horizons sur prochains,

Et on boirait dans un calice doré de nos rêves humains.

Au loin, distant de la terre où l'amour est un fardeau,

Tu y seras mon unique déesse, la seule fée du château.

22. Retraité

Autrefois, j'étais fortuné.
Autour de mon être flamboyant,
Que d'anciens badauds accourant
En quête de quelques billets.

Parmi mes multiples arrêts
Épauler ? Quel grand délice !
J'étais un modèle du bien, et non du vice.
Je le clamais avec une fierté à satiété.

Aujourd'hui, me viennent des pensées noires.
Encore de nuits blanches, et les soirs,
Un vieux marbre me sert de lit.

Remâchant mes vingt-ans de vie,

Comme le train du temps est frétillant !

Des regrets, que c'est déprimant !

23. J'ai revu mon bel ange

J'ai revu mon bel ange

Me baladant tout joyeux.

Âme sainte, un archange,

Un soir non belliqueux.

Je l'ai vu, mon joli ange

En déploiement secret

Tout prêt de la phalange

Dans la zone perchée.

Beauté infinie, ma Luna.

Elle m'est parue en songe

Fée aux yeux de Despina.

De sa bouche, le mensonge

Ne prend que plein dégoût.

Son cœur est siège de roses,

Elle est remède de mon cœur fou,

Et des bouquets de fleurs écloses.

J'ai revu mon ange en sourire

Éclatant. J'en veux au temps,

Ô maître de nos fous rires,

De ne laisser cet instant.

24. âme nuisible

Vivre dans une île solitaire.
Contempler la beauté stellaire.
Fuir la vase débordante
D'eaux remplies de plaintes,

Où se noient supplication,
Distraction et suffocation.
Assez ! Je lui dirai tout fier.
De cette relation, t'es Lucifer

Dans une couture élégante.
Un cœur à la noirceur suffisante.
L'acide chimérique et nitrique,
Dégageant des flammes démoniaques.

Beauté privée de belle âme
Qui met la mienne en flamme
Et transcende toute quiétude.
Vie éloignée des béatitudes.

Quitte-moi donc, toi qui n'as jamais versé
Tes larmes sur mon charme mitigé.
Quitte-moi donc, mère souffrance,
Seul don que tu offres en abondance.

Quitte-moi donc, quitte ma demeure !
Ta noire âme me consume, je meurs.
Quitte ma demeure de bonhomme innocent
Et que mon monde redevienne alléchant.

25. À mon Maître Guy Tirolien

Conduis-moi sur ta longue cheminée.

Je ne suis qu'un néophyte qui gribouille
Des textes, et se projette par envie.
Bizuth, je me remets à toi en entier.

Affectueusement rivé sur les tiens,
Tes textes sont tel arbre fruitier,
Je continuerai encore de grimper,
J'y crois, vers eux, affamé, je viens.

Junkie de ta poétique sève savante,
Ta substance magique me manque.
Tel errant cogne devant ta planque
J'attendrai ! Veilleur, la nuit suivante.

Ô Maître ! Je médite, parole d'évangile,
Tes poèmes, tes œuvres, quel bohème !
Elles pleuvent de mes yeux, les larmes
Du petit nègre et je vois ses bras agiles.

Venus de nulle part, qui, de ton sermon
Ont soif, kilométrant les dunes en avant
Suis-je de ces fervents croyants
Et pour l'entendre, sont engagés en amont.

26. Un jour

Elle disait : « un jour je mourrai ! »
Tes pleurs ne me ramèneront
Pas en vie. Mes amies seront
Sidérées, stupéfaites, mais je partirai.

Vos pleurs, gardez-les toutes !

Mon âme, déliant les chaînes
Du corps, s'en ira très certaine,
Loin des champs, des cités hautes.

Unique à contempler leurs cœurs,
Je grimperai si loin, loin sans crier.
Je volerai par-dessus le ciel azuré,
Seule parmi les grandes hauteurs.

Dans les airs avec des ailes d'anges
Blancs, je serais blanche dans les nuages.
Promets-moi, pour toujours, de rester sage.
Je partirai avant toutes les franges.

27. Nièce de Chimène

Seule contemplant les étoiles, le gagnant
Du cœur s'approchant d'elle en sculptant

Sa divine rondeur, en positionnement vole
Vainqueur. Derrière le dos, il prit son voile.

Humaine chaleur, cœur en bombance
Acquiesce. Quelle alchimie romance !

Regarde ! dit-il, tout en indiquant
Au-dessus de la tête le firmament.

La plus scintillante d'entre les constellations
C'est toi dulcinée. Puis, après confessions

Ils burent le syndrome d'amour
En calice dédiée à Cupidon tour à tour.

28. Aux frères en Christ

Un soir de septembre un peu calme,
Si humide, nous nous retrouvâmes ;
Ce fût le début d'un long programme.
Comme des frères, nos cœurs et âmes

Étaient destinés à l'ultime mobile divin :
Sévir, servir le peuple qui n'est vain,
Mais en manque du verbe, qui craint,
S'étouffe, agonise en torpillant le Dieu saint.

Un cœur d'ado exempt de rancœurs.
J'étais enfant de chœur.
Toi aussi, tu l'es, par ta splendeur.
De l'intérieur, au fond, ton blanc cœur

Extériorisait, criait la paix !
Des rêves, on se nourrissait.
Des bouquins, on se cultivait.
Des psaumes, on psalmodiait.

Des mots d'amours, nous étaient chers.
Les bonnes intentions sur du rosaire,
Tu formulas partout dans les airs
Sans t'attribuer la part du lion.

Des vœux adressés au Dieu de Sion.
Tu rêvais de communes plantations,
Des verdures, une vie de communion.
Une vie saine dans la communication.

De grâce arborescente, modeste et agréable.
Les devoirs de philosophie en salle accessible,

De si rudes épreuves, on en était capable.
Les cours qui rendaient l'homme insoutenable

À l'existence d'un être suprême, si contrariés,
La foi les a surmontés. Elle les a domptés.
Ensemble, on s'était promis de coexister.
Je repense chaque instant d'intense complicité.

Des conférences, pure folie quand portier
Se croit roi. Des semblants de cuisiniers
Aux fauteurs de troubles, des goumiers
Fourbes et vrais sous-marins, des fumiers.

Des laudes jusqu'aux complies,
Du milieu du jour des midis,
Ave Maria au cantique de Zacharie,
Les formateurs à marie de l'infirmerie.

Du talent, Dieu nous a fait grâce.
Promesse, rendre en action de grâce.
On ne rêvait guère de belles places.
Que c'est beau ces moments, hélas !

La vocation c'est avoir en mouvance
Pour travail sa vocation en constance.
Que Dieu guide nos insouciances !
En lui, notre existence est essence !

29. En toi Seigneur

En toi Seigneur, notre existence prend sens.
Quand l'année remplace nos jours sans espoirs
Et que diable, nous ouvrant les portes du soir ;
Nos pensées naviguent sur ta voie de puissance.

Quand les montagnes de nos vies de mortels
D'altitudes incommensurables jouent de tours,
Que seul le contour est solution au parcours,
Ton esprit de rage fait de-nous des immortels.

Le péché nous éloignant de toi depuis les ans.
Du sadisme, sommes-nous compulsifs sans retour.
Quand le cœur est cimetière des mots d'amours,
De toi, renaît le flambeau de paix entre vivants.

Les jours ou l'homme traite autrui comme une chèvre,
Où la crainte de ton nom est placée en dessous du lit,
Fais-nous grâce par ta miséricorde à chaque pli.
Habitues-les aux louanges, nos égarées lèvres.

30. Suave cosmos

Ô Aphrodite !
Tes frémissantes boules, qui te servent de seins,
Œuvres artistiques sous ton blanc satin,
Laissent transparaitre une silhouette en cuvette.
Telle une expression physique
D'un érotisme électrique.
Une montagne de pèlerinage.
Et vers elle, mes mains à leur saveur caviar, nagent.

Ascenseur émotionnel
Ou péché sensuel ?

Contre ta poitrine haletante,
Grosse dune en boules dorées,
Serre-moi enchanteresse, femme époustouflante ;

Par la rage qui est sienne comme celle d'une armée
Au combat des morts.
Dévore-moi encore…

Laisse-moi.
Laisse-moi.
Laisse-moi grimper,
Encore grimper.

Laisse-moi.
Ordonne-le-moi...

Et si, et moi...
Si de toi, je m'éloigne,
Serre-moi
Avec pogne.

Que je t'admire ! Ébahi
Est notre ennemi
J'admire quand tu te mires,
Muse que j'admire !

Ô mon ébène !
Laisse-moi caresser
Tes larges lèvres d'ébène,
Tes larges lèvres noires
Je veux gouter pour croire.

J'ai besoin de ta douceur,
Et de ta profondeur.

31. Des Roses

Elle cueillait des fleurs roses
Et moi, je percevais dans ses yeux,
Un ciel rempli de nuages bleus.
De son visage, mirage en saccharose,
Je ne me lassais de ressasser.
Puis, lui dis-je, en souriant joliment :
« J'aimerais, dans ton cœur, surfer.
Veux-tu naviguer du présent,
Pour partager mon futur ? »

32. Puisque tu pars

Puisque tu pars mon enfant,
L'amertume me lorgnera toute la saison.
Souviens-toi d'où tu viens, de la maison
Qui t'a vu naitre, de tes souvenirs d'antan.

Puisque tu pars très loin de nos yeux mon enfant,
Hume l'odeur de la terre natale, de ton village,
Une dernière fois avant la venue du grand clivage.
Enfant, Souris à ta sœur comme tu le faisais avant.

Puisque tu pars mon enfant, mon sang,

Tu retourneras voir la terre de tes aïeux.

Aucune égratignure ne te rendre soucieux.

Les djinns veilleront sur toi en garants.

Puisque tu pars mon enfant,

N'honore pas les dieux inquiétants.

Face à l'infâme, sois apaisant.

Face au méconnu, sois bienveillant.

Puisque tout s'en va avec toi mon garçon,

Le néant dans mon cœur sera immense ;

Il logera mon âme en toute imprudence,

Le brin d'espoir que j'ai sera jeté aux faucons.

33. Mon amphétamine

Ô que je t'aimais d'un amour bouillant !
Quand je t'aimais, je le pensais vraiment.
Étrange ! Oui, un amour étrangement fort.
Face au complice sournois, je lui causais du tort.
Je t'aimais même fou.
Je t'aimais même flou.
Importe peu, le temps n'est plus gai.
Il en restera de nous que je t'aimais.
Je t'aimais sans remords.
Je t'aime, un peu moins fort.

34. Comme l'amour est épatant

Cupidon roi solution,
Cupidon des résolutions.
Incompris sous ton règne,
Son cœur énamouré saigne.
Sa dernière volonté fut-il,
Serein, d'un air peu subtil :
« Pour elle », dit-il en persistant,
« Je peux mourir en brûlant. »
Comme l'amour est épatant !

35 enfants, innocents morts

Au royaume de Morphée dressé assidûment,
Il y a des êtres au tympan innocent,
Habitants de la cheminée de Paix,
Roupillant, expiant la vie, et son souffle frais.

Le soleil paraît plus faible au crépuscule
Comme un rageux lion cloîtré en cellule.
Des années mangent les jours de jeunesse ;
Mais eux, ne connaissent la vénusté qui cesse.

Au loin de nos terres et sous nos pieds,
De la petite parcelle qui leur sert de lieu,
Je songe aux innocents enfants morts.
Ils en sont délaissés à leur propre sort.

36. Bâtisse d'un adieu

Quand l'œil est fourbe, artifice.

Quand le rire est terne, indice.

Quand le silence gouverne, supplice.

Quand la phrase s'étouffe, conspiration.

Quand le regard est fluctuant, indécision.

Quand le cœur s'éloigne, séparation.

37. Ma jeune pirogue

Sous la pleureuse pluie en goutte,
Ma jeune pirogue de voyage,
Fêtarde de ses trois ans de flottes
Se hissait avec zèle tel mage

Sur le flanc gauche du rivage.
Des piroguiers, elle en bavait
Plus d'un. Les jeunes de bas âges
De sa compagnie, en raffolaient.

Elle va et s'en vient, puis déploie
Ses ailes quand tout devient chiant.
Mes souvenirs reviviscents croient
Au plaisir de se sentir plus vivant

D'avec elle. Et quand tout chavire,
Des vagues autour de la lagune,
De mon cœur, ma flotte, mon élixir
Se réfugie dans l'étendue dune.

38. Bonjour et bon jour

Un bon jour glissant en exposition
Est lumière éblouissante de la création.
Un bonjour si doux en apparition

Est prévoyance d'un bon jour en variation.

Un bonjour gisant en ablution,
Est témoin d'une foi sans fiction.
Lueur du cœur de paix peu rajeuni,
Et chantier pour l'âme sans conflit.

Un bonjour souriant au bon jour.
En eux, la lune ouvre tour à tour
Ses bras au soleil, et à travers leur sceau,
La muse chante la longue ballade de vœux.

Entre l'au revoir d'un jour bon
Contre l'adieu des jours bons,
Le cœur ressort endolorissant,
L'audace s'estropie gravement.

39. Aux révolutionnaires

L'énormissime spectacle renaît
De ses cendres. Un tel souhait
Pour le spectateur stationnaire,
Et une insulte pour le révolutionnaire.

Le jouet politique dites-vous
Ou cercle restreint de voyous ?
Gros suceurs de la république
Ou politiques *boundoucratiques* ?

Dans le monde de l'oubli,
Le peuple que l'on convie
Au grand silence semble
Se plaire dans l'ensemble

Face à l'humiliante fille,
Âme despote, qui se suffit
De sa politique de ventre
Brûlé et de balle au centre.

Que dire ? Un qui-vive !
Entre la naïveté hâtive
Et une conclusion livide,
La constante quiétude

Souffre, se courbe, en vrille
Il part stopper ses brindilles.
Sur le quai du changement,
Le train du développement

Replay le premier épisode,
Suffoque de la main antipode.
Les passagers peu abasourdis,
Chauffeur semble accompli.

Flâne au milieu : *« à qui la faute ? »*
Bon sang ! Qui nous envoûte ?
Au fond, il faudrait bien croire
Au peuple debout au parloir.

Note explicative : boundoucratique est un néologisme. Mot employé pour la première fois par l'opposant Succès Masra faisant allusion à un état de démocratie autoritaire dans sa forme plus radicale. Etat Exempt de justice, ou justice n'y vit le temps d'un arrêt.

40. **Â la femme reine.**

Là-bas, quand les nuages par leurs mains,
Emportent le soleil, une belle parue
Telle une clarté matinale que la nuit ablue.

Ma belle amie d'antan, je m'en souviens.

Le romancier raconte que : « la grande vraie
Accointance est celle qui oriente l'homme
Vers l'homme. » Au mieux, nous y sommes !
Je chante sans fin sa présence sans faix.

Ensemble nos projets en élévation,
Costumés autant grands que la lune,
Comme David mettant Goliath en ruine,
Naîtront à la hauteur de nos Ambitions.

Sa voix est une dansante mélodie
Qui redonne vie face au fantasme qui ronronne.
Elle hypnotise comme celle de Nina Simone.
Et moi, j'éprouve davantage la mélancolie

De nos jeunes années sans rupture.
Nous parlions politique, esthétique.
Esprit éloigné des piques sadiques,
Nous parlions littérature, aventure.

41 Onde

Ô onde !
Blonde
Qui sonde
Mon monde,
Fée, Inonde
Ma joue ronde
D'une profonde
Bise non moribonde.
Divinité qui refonde
Mon cœur si immonde

Des tendresses fécondes,
Me console en une seconde,
En un clin d'œil quand je gronde ;
Quand la colère, de mon cœur abonde.
Princesse sans pareille en terre gironde,
Clarté bleue de la ville lascive, tu ré-abonde
D'alchimie les cœurs en berne, qui ne pondent
Que feu quand, amour et antagonisme se confondent.

42. Je ne rêve que de paix

Je ne rêve que de Paix,
Que de la Paix, âmes diffuses !
Juste peu d'amour sur nos plaies.
Nos plaies qui, des jours, victimes de la soie,
Des armes lourdes et confuses.
Et moi, je ne rêve que de Paix.
Quand l'humain en l'homme est creux,
Il devient un belligérant que rien n'émeut.
Ô paix ! Envoies peu d'amour sur nos plaies.
Que le cœur de l'homme fuyant le quai
De l'humanité, expire ! Viens, Onde affectueuse !
Et moi, je ne rêve que de Paix,
Juste peu d'amour sur nos plaies.

43. Discours du dépressif

Mon flasque visage humidifié
Fait jaillir sans cesse des larmes.
Larmes qu'autrui a simplifiées,
Larmes succulentes à mon âme.

Tout mon monde demeure confus.
Mes pleurs noirs redeviennent

Paroissiens de mes joues joufflues.
Seigneur ! Qu'à cela ne tienne,

Si pour les richissimes gens,
Quémander est horreur ;
Qu'ils me disent comment
Briller avec un travail suceur ?

J'ai tenté de sombrer ma chagrine
Humeur. Elle a glissé dans les airs
De la maisonnée, les allées voisines,
Faisant de mon être son seul repère.

La solitude peint mon corps chétif
D'instruments siens en toute plénitude,
Elle me fait les doux yeux. La lassitude
Comme à chaque pas, m'appelle Chérif.

Si pour les bigots croyants,
Le suicide est divine infraction ;
Qu'ils me disent comment
Trépasser sans enfer et compression ?

44. Évasion

Mon Monde est celui d'un enfant cloué par les défiances,
Un nourrisson ignorant, une proie des souffrances
D'un cercle qui lui prive de sa beauté-enfance.

Là où ma passion s'étale, il gambade.
Où ma spéculation prend vie, il arcade.
Là-bas, fiction et idéal accompli se baladent.

Mon cosmos, fruit de mon mirage interne,

Progéniture de ma hantise qui me terne,
Nièce de ma pensée positive externe.

Je veux m'évader du rêve inouï, du simulacre,
Qui, causes plus archaïques de mon mal-être ;
Et qui, face au destin, sont jougs et traîtres.

II

Besoin grandiose, construire une haie
Qu'il ne somnole dans le cœur humain.
Nourrir l'échantillon restant de paix.
Ô chagrin de béatitude, vas nue main.

Envie de m'évader, m'évader au lointain,
Dans un petit Eldorado qu'est mien sans faix.
Loin de l'homme en qui, l'humanisme, soudain
Ne peut kilométrer sur les rails de Paix.

L'humanité dans sa cité est animalité !
Je veux vivre dans mon monde, instance de thérapie
Pour communiquer, que, l'homme animal futé,
Solitaire périt, susceptibilité à la folie.

L'homme seul périt? Je ne suis du reste.
Si mon univers, réel est-il, est tombe
Et fardeau chez autrui qui me déleste
Dans le sien, je veux renaître comme une colombe.

45 Je crois en la lune

Je crois bien en la lune,
Témoin de la rencontre,
Quand le ciel noir s'incline

En étalant toute son ombre.

Je crois au coup de foudre,
Lui, géniteur des lucioles,
Et distributeur de la poudre
D'amours qui raffolent.

Je crois à ton regard
Qui me laisse sans mots.
Ma lampe, ma fanfare,
Quand, je suis perdu des îlots.

Je crois en mon cœur
Qui m'envoie de piques.
Face à tes pas sans sueur,
Il bat à leur rythmique.

Je crois en mon choix,
Celui de t'aimer autant,
Même quand le vide m'échoit
Pendant le temps de l'Avent.

Je crois en notre amour,
Époux du grand orgueil
Qui me valsait des tours,
Diablotin, dès l'accueil.

Je crois au charme de la vie
Qui permet de te désirer encore.
Au courage, à l'espérance envie
D'être à tes côtés, ô beau trésor !

Je crois en la force d'y croire
Que demain sera meilleur qu'hier.

À la prière, la silencieuse gloire
D'un ménage, d'une légende fière.

Je crois en la force de la patience
Qui me fait attendre que ta beauté
Passe avant tout. Celle qui s'érige en science.
Oui, celle qui conquit les princes de Léré.

46. Aux nouvelles rencontres

Aux nouvelles rencontres d'un bout,
Celles qui respirent l'oxygène, clés
D'aventures de conte de fées.
À ceux qui ne sont pas nous.

À ces nouvelles amitiés
Peu différentes d'autrui,
Et qui sont un peu de lui,
Trinquant en calices liés.

Aux âmes unies, qui, destins de cités
Que jour, nuit, pleine lune en témoin.
Vie naissante d'un regard sans poigne.
Que commence, la quête de la beauté !

47. À une âme envolée

Je cherche ton visage, tes pas,
Où sont-ils, aux cieux ?
Je veux te parler. Où que tu sois,
Je cherche tes yeux.

Je souhaite te consulter belle

Ame, M’entends-tu ?
Je décampe dans ces ruelles.
Peiné, me vois-tu ?

Dandinant, seul sous macadam,
Lorgnant ta place,
Ton absence bouillonne, elle crame
Quand vide est en face ;

Quand subitement j'aperçois
Une âme, une ombre.
Quel mauvais ciel ! Une vie sans toi,
C'est le noir, le ciel sombre.

Si tu m'accordais ton sourire
Serait-ce une peine ?
Le monde, et sa large doublure,
La vois-tu, sa haine ?

Mes supplications et prières
Ont-ils un bon rôle ?
Et ces vœux sur du rosaire,
Vers toi, ils volent ?

Le temps me fera-il oublier
Mon larmoiement ?
Reviendras-tu en ange voilé
Le soir du tourment ?

Considérablement, tu manques
À chaque quotidien.
Si seulement dans ta planque.
De nous, t'en souviens.

48 Ngaoudanbé

Nos chemins étaient sécants une mi-avril
En terre mère, Moundou, la plus belle ville.
Et plus rien, même le temps était de nôtres.
La classe étonnement, fit de nous des apôtres.

Mon cœur, les grandes vagues de l'oubli
Quand la distance nous prenant pour fille
Ne l'ont épargné dans son vaste chantier,
Celui de naviguer vers toi ses amitiés ;

Elles ne l'ont pas noyé en perdant ses repères.
Et quand nous étions au bord du gouffre frère,
Je t'ai dit : « viens dans ma modeste demeure,
Ma terre d'asile. Que la solitude en nous, meurt ! »

Je me souviens de toi comme à chaque fois
Que l'avocat médite avant défense, les lois.
Par effet papillon, mon vieux cœur rabougri
Auprès de toi devenait plus moins endoloris.

Ami, souviens toi des soirs aux abords du fleuve
Logone, les taffes les soirs de juin des élèves
Que l'université, mère baccalauréat ordonnait.
Ô complice de nos secrets que l'on chardonnait,

Souviens-toi des verdures, de nos ténus vertes
Roses, noires au sport, des belles découvertes.
Ami, souviens-toi de notre complicité ombilicale,
Quand, souffle fatal nous prônait son récital.

Comme le père heureux retrouvant son fils
Prodigue fût amnésique aux fautes et supplices,

Ressent une inertie fluide. Ô quelle grandeur !
Nous avions partagé l'allégresse du géniteur.

49. prières d'un enfant de la rue

Je chantonne des parvis
La mélodie d'une chétive vie
De pauvres, tranchant replis
De nos vies, des embrouilles.

La rue est cette gonzesse
Qui m'a rendu ses fesses,
Me disant tout en souplesse,
Que suis père sans messe.

Dans ses ruelles, j'ai erré.
Erré tard la nuit, j'ai barré,
J'ai esquivé, j'ai encaissé
Des coups dans ces carrés.

Ô Seigneur ! Agonisant,
Suis-je mystère devant
Ceux qui, représentant
Mon vrai cercle d'amis d'antan.

Des railleries si vaines,
Des bandeaux d'épines,
Où je passe, soutiennent
Ma tête comme la tienne.

J'ai trop souffert !
Austère comme fer
Mon monde de misère.
La famine crie dans les airs.

Demain j'y vais de ce pas,
Aux portails du trépas.
Qu'il me tende ses bras,
Qu'on cabane en fadas.

Seigneur, mon vieux corps las
Trouverais en tas,
Une place, là-bas !
Au firmament, auprès de toi.

50. Cantique noctambule

Nuit blanche, nuit noire !

Muses du poète meurtri,

En elles, il s'étale, se confi,

Libère sa conspiration et son déboire.

Nuit blanche, nuit noire !

Instant de douceur immense

Qui redonne au poète à outrance

La recette poétique de son grimoire.

Nuits blanche, nuits noire !

Soir penchant ses yeux béants,

Rusée sur le temps nonchalant ;

Charmé, il ne peut s'asseoir.

Nuits blanche, nuits noire !

Appel de pieux archanges

Transportant comme un ange,

L'étau noir, les soupirs du soir.

Nuit blanche, nuit noire !

Valse d'âmes disparues,

Peu disparues, qui, en continu

S'invitent au banquet du soir.

51. Politique amnésique

Nous sommes gouvernés par de fainéants
Qui s'émerveillent quand le pays est néant.
Des princes fameux qui distillent les songes
Caressants, noyant le peuple dans le Gange

De leurs rhétoriques politiques diaboliques.
De piques, cris du peuple, ils sont amnésiques.
Une larme de trop et quelqu'un part très tôt.
Nous avions poussé, toussé au haut niveau

Chantonnant les mêmes hommages amplement.
Encore et encore pour le grand changement
Tant voulu, mais à la place, que de mauviettes
Supplanter l'ancien par de nouvelles cassettes.

L'arme en main, un drame nouveau s'y ajoute
Larmes aux yeux, le malheur nous envoûte.
Les yeux mouillés, la douleur sieste en nous.
Lampe allumée, pleurons nos morts debout.

Seigneur, aurions-nous la paix après trépas ?
La lutte libère, elle seule vous affranchira.
Dans la foulée de révolution, les voix d'anciens
Se baladent, vas-y, marche, tu as notre soutien.

52. Sentier

Un nouveau sentier s'engage

Comme au soir de grand festin,

Nous parfumant le corps sans fin,

Nous transportions son présage ;

Présage d'une vie chaleureuse.

Au loin, d'ici et là, il carillonne.

Il nous invite à le traverser en lionne

Les mailles de sa voie douteuse.

Sentier de gloire,

Sentier de douceur.

Sentier en sang et sueur,

Sentier du désespoir.

Il nous lorgne d'un œil factice

Et sa voix retentie sans vice :

« Prenez les larges ! »

54. Amour

Cueille-nous en ce jour

Fait de tendresse ;

Que le temps dresse

Ton étendard pour toujours !

55. Voix d'un père

Je ressasse sans cesse l'air frais et humide
Que laisse transparaître sa cavité buccale.
Ce souffle qui résonne telle muse amicale
Que parentale, une appétissante habitude.

Ce souffle qui, grand orchestre symphonique,
Traverse l'ouïe, déverse dans mon cœur de gamin
Qui trébuche face aux embûches du chemin.
Elle est envie quand le désir d'aimer me manque.

Cette voix n'est vice. De celles qui ne maudissent,
Bénissent et ravissent les siens, elle est communion.
Habite-moi, si borgne chimère menace mon union.
Elle est visée et remède de celles qui s'unissent.

À la haine qui me peine, je la veux tendre.
La voix de mon père adoucit l'ascèse des maux
Anonymes. Elle manque à mon espérance d'ado,
Et pour toujours, j'aimerais l'entendre.

Mail : mbayrakoulajosue@gmail.com
WhatsApp : 00237 657984949

Biographie :

Josué Mbay-rakoula fut séminariste au moyen Séminaire de l'Académie Saint Jean Paul II du diocèse de Moundou. Il obtient en 2018 un baccalauréat série A4 au lycée Notre Dame du Tchad(LNDT) dans la même ville. Il s'en vola au Cameroun pour les études supérieures, d'où il sort Titulaire d'une licence en psychologie, et d'un master II recherche en psychologie, option psychologie clinique et psychopathologie à l'Université de Dschang. Amoureux des lettres, la nature, l'humain et de la philosophie parfois ; la poésie est un domaine qui le passionne tant ! Ses poèmes oscillent entre positive pensée, mystère, nature, vie, amour, âme et mort. Il fait de la psycho-poésie sans aucune prétention. « SENTIER AFFRANCHI » est son tout premier recueil de poème. Il est par ailleurs, chroniqueur radio et secrétaire général du club journal la voix de l'étudiant de l'Université de Dschang.

Image 1 : Proposition de la photo de couverture
Source : Bebarem Gerard (Image prise par le telephone portable, frère ainé du poète)

Figure 1 le Logone- Bebarem Gérard

Figure 2 Mbay-rakoula Josué (poète et auteur du présent recueil de poète)

Printed by Books on Demand GmbH, Norderstedt / Germany